好文章是改出来的

李若辰 著

北京联合出版公司
Beijing United Publishing Co.,Ltd.

记叙文

城市"牛皮癣"	002
没有不可能	006
挑战极限	010
人生因停留而富有	016
对手	020
那雨中的山丹丹	024
昆虫真让我着迷	028
门其实开着	032
社戏	036
晨风中骑行的母亲	040
那一次,我是配角	044
惭愧	048
遭遇乞食者行骗	052

议论文

为别人喝彩　　060

心态　　064

对手　　068

天道酬勤　　072

散文

秀如竹　　080

析秋　　084

知识的山　　088

城市"牛皮癣"

一天放学后，我要赶到中关村上课，坐着走走停停的公交车，挣扎着到了目的地。

一脚迈出车门，满地的狼藉让我不禁眨了眨眼睛——人行道的黄色地砖上，贴着一张又一张长方形的小广告。有的是"××空运公司"，有的又是"××旅行社"，还有的是"××医院，包治百病！"。我愣愣地看着它们，上面或红或蓝的字刺痛了我的双眼。

又往前走了几步，我看到一个"形迹可疑"的人，一边左右张望着，一边时不时地弯下腰干着什么。走近一看，那人手中分明拿着什么东西，是一沓没有贴过的小广告！

只见他很快地从那一沓小广告中揭下来一张，警惕地环顾四周，又迅速弯下腰，在地上仅剩不多的干净位置贴上。贴完，他直起身来，若无其事地捜捜衣角。临走前，还不忘在那新贴的小广告上踩两脚，确认贴牢了才离开。

看到这一幕，我心中倏地冒起一股怒气。这个坏家伙，一点儿也不讲公德！近些年，为了美化北京，无数的热心市民自发地种花种树、节水节电、拾垃圾净河水……北京搬走了工厂、种上了草木，大家重新拥有了清清的河流和整洁的街道。大家都在尽力美化北京，可是仍有一小部分人在破坏这美好的环境。比如这些贴小广告的，他们起早贪黑贴了一天，能挣上几块钱？可这些人愚昧、无知、懒惰，宁愿在弯腰的那一刻把自己的尊严也一同贴在地上，从而获得那少得可怜的钱。那些开黑店、卖黑货的老板，就是利用了他们，让他们替自己做那"损人不利己"的事儿。

他们在给北京的道路贴上一张张丑陋的"牛皮癣"的同时，也丢失了尊严。这群人，就是我们城市中的"牛皮癣"！

看着那人渐渐远去的身影，我摇了摇头，却无能为力。长叹一口气，又往前走了几步，看到一位上了年纪的大爷，蹲在地上,低着头,拿着一把小铁铲,小心翼翼地揭下一张又一张贴在地上的小广告,扔进垃圾桶里……

敲黑板

平时读书的时候手不离笔,把里面的好词、好句画出来。

没有　　　不可能

周四，阴了几日的天气终于放晴。随着阳光的到来，我们停了一次的体育课也得以恢复正常。就在这节短短40分钟的体育课上，我领悟了太多，太多……

上一节课刚刚结束，同学们就如刚出笼的小鸟，迫不及待地冲到操场上，迅速排好了队等待老师到来。"重见阳光"的我们个个精神饱满，兴奋不已，期待着这堂课的开始。

上课铃声响起，老师开始了这堂课的内容讲解："今天，我们来练习前滚翻和后滚翻，同学们不仅要能翻过来，还要翻成直线。"老师的话音刚落，就听得队伍里传来"啊，不会吧"的一片惊叹声。"不行呀，我肯定翻不成直线，我后滚翻连翻都翻不过去！"这边叹着气说。"我更糟糕，前滚翻都费劲，更别说后滚翻了！"那边应和着。

这个要求，不是太高了吗？我不住地在心里说。记得昨天练习的时候，大家一个个翻得东倒西歪，一屁股坐到垫子外弄得一裤子土的大有人在。而今天，老师就要求我们不仅要翻过去，还要翻正，这对我们来说真是个不小的挑战。

可是难归难，该练的还得练。于是大家摆开垫子，硬着头皮翻了起来。虽然任务很艰巨，但是班级里没有任何一个人偷懒，我们排着队，一个接着一个练习。有的同学技术不到家，滑稽的动作逗得同学们哈哈大笑。这些善意开朗的笑声中，传达出的是鼓励与友好。我转过头一看，翻得好的同学主动放弃练习机会，手把手地教还不会翻的同学，真像个小老师。翻得不好的同学也在"小老师"的纠正下一遍遍练习着，一丝不苟地听同学讲解。汗水顺着我们的脸颊滑落，但大家仿佛不知道累，整个练习过程在笑声中传递着友谊。

快下课了，老师要对我们进行集中检查。每一个同学不论翻得好坏，都尽力标准地完成动作。大家的努力没有白费，不会翻的同学能顺利地翻过去了，翻歪的同学也翻正了。经过努力练习，我们成功了！

这节课，我们收获的并不只是前滚翻、后滚翻的技巧，更重要的是明白了"只要努力，就没有不可能"的道理。

敲黑板

好文章是改出来的，反复修改是写好文章的必经之路。

挑战极限

挑战就像险要的龙门，虽然看起来无法逾越，但只要勇敢面对，奋起一跳，成功就会在不远处招手。我曾像一条小鲤鱼，跃过了遥不可及的"龙门"。

　　那一天，我和朋友一同到京郊爬山。抵达山顶之后，我们打算休息一会儿。我站在山顶，感受着它巍峨的气势与山间的醉人景致，闭上眼，深吸一口清新的空气，便陶醉于其中。

　　"嘿！快瞧，那儿一定很好玩！"朋友的叫喊声拽回了还在神游的我。大家挤在一处，我回过神来，也好奇地凑了上去。

　　嚯，只见从山腰的翠幕中伸出一根又粗又长的铁链，一直到对面山上，随着山风摇摇晃晃。这是什么东西？我不禁思索。

　　"啊，是滑索，可以滑到山的那一边。我玩过，可刺激了。"马上就有同学解释道。我一听说要滑过去，瞬间像泄了气的皮球般蔫下来。太可怕了，我可不想玩，我心里打起了鼓。可那边，朋友们兴致勃勃地讨论着，竟全部都要去。我忙往后缩了缩，摆摆手，怯怯地摇头，最终他们还是不由分说地把我拽了去。

到了起点处，几个同学想也不想地就套上了防护绳，我站在旁边看着他们的"大胆行径"，犹豫着要不要玩一次。好像挺有意思的，我从来没试过，真想体验一把飞一样的感觉。

我探头偷偷看了一眼山沟，哟，还真是深。虽然能看清山下的石堆树木，但这怎么也有10层楼高了，要是一不小心，那后果可真是不堪设想。想到这儿，我又往后退了退。

这时，最大胆的朋友已经冲下护栏，两腿往后用力一蹬地，顺着铁索滑向对面。她兴奋地大叫着，玩得很高兴的样子。我为她提着心，当她成功到达并对我们招手欢呼时，我动摇了。又一个同学过去了，下一个，再下一个……每个人都安全到达了对面，整座山里回荡着他们的尖叫与欢笑。

　　好像很安全，不试试吗？就这么错过一次机会吗？正犹豫间，耳畔响起了一个声音："来试试吧，没事的，我一开始也很害怕，但我克服了，你也一定可以，别错过机会。"我抬头，是朋友中一个较为内向的女生。她一向胆小，但显然已经做好了出发的准备。

　　我呢？我没有她勇敢吗？不是的，我可以挑战自己！我咬咬牙，套上护绳，颤抖着把挂钩安在铁索上。我闭着眼，攥紧了拳头，心一横，纵身一跳，跃下护栏。

　　那一刹那，一切仿佛都静止了，一瞬间的耳鸣后耳畔又清晰地回响着伙伴们的呼喊："别怕！"我睁开眼，发现自己正快速地向山对面滑去。内心的激动溢于言表，不禁大喊着："我飞了，我成功了！"

　　我战胜了自己的恐惧，从那以后，面对挑战时，我总会勇敢地迎击它。因为我要做那条自由又勇敢的鲤鱼，跃过龙门，跃向成功。

　　听见了吗？我在喊："我飞了，我成功了！"

敲黑板

广泛阅读语言优美、思想深刻的好书、好文章,是积累写作素材十分有效的途径。

人生

因停留而富有

露水停留在叶尖，留下一滴晶莹；阳光停留在窗边，带来一丝温暖。我在生活中也学会了时不时地停留，让身边的美好充实我因匆忙而贫瘠的心灵，人生因停留而富有。

　　看到那个背着包裹，行色匆匆的身影了吗？那是我在急匆匆地赶路。什么？你说停一停，歇一歇？不，我很忙，没有时间停留。风风火火、忙忙碌碌的我总把自己搞得疲惫不堪，休息的时间屈指可数，更无暇享受生活、感受生活。在我眼中，生活是单调乏味的，没有快乐可言。因为从不愿意停留，来去匆匆间我错过了许多美好，心灵的土壤十分干涸贫瘠。

　　那一次，我正迈着大步奔向教室，不留神脚下一滑，结实地摔在地上。"啊，痛……"我拖着因扭伤而僵硬的腿，一瘸一拐地走进医务室。出来时，手中多了一张写着"不能剧烈运动"的单子，宣告着我不得不改变匆匆忙忙的生活节奏。从那天起，我只能在同学们的搀扶下慢悠悠地前进，这可让我怎么受得了。我想走快点，但腿脚处传来的剧痛无情地拒绝了我。朋友笑着打趣："让你平时走那么快，这回得慢一慢、停一停了吧！"

那段时间里，放慢前行的速度，让我惊奇地发现了许多从前没有留意到的"秘密"。

原来，教学楼二层中间的空调眼里住了一窝麻雀，"啾啾"的叫声真是悦耳；原来，花坛旁种了一圈艳黄色的月季，花开时香气沁人心脾；原来……渐渐地，我学会了慢慢行走，学会了驻足停留。停留在浓郁的绿荫下，我看到阳光透过晶莹的蛛网投下斑驳的影子；停留在静谧的教室里，我感受到同学们凝神解题时那股不服输的劲头；停留在热闹非凡的游乐园中，我体会到孩子们欢闹嬉笑时无忧无虑的天真与快乐……不知什么时候开始，那个行色匆匆的我不见了。现在的我，正漫步在生命绝美的风景中，让阳光、雨露、鸟语、花香滋养我的灵魂，在心灵的土壤上播撒下五彩的种子，让生活中的真诚与美好呵护着它们成长……

　　停留在厨房外，看着忙碌的母亲，我收获了爱；停留在相册旁，翻看一页页的过往，我收获了成长。停留，给予了我一个色彩斑斓的世界，我像一个农夫，拥揽着丰收的果实，绽开满意的笑容。

　　感谢停留让温暖充实了我的心灵，人生因停留而富有。

敲黑板

写作必须"真"，只有你真正感受过、思考过的东西，才最有可能打动阅卷老师。

对手

常言道，"人外有人，天外有天"，那一次的"棋"逢对手，让我深深地领悟了这个道理。

我一直有个爱好就是下五子棋。在家中和爸爸妈妈比拼，每每获胜，心里便沾沾自喜。和朋友们下棋，也往往赢多输少。久而久之，我便对自己的棋艺十分自信，要知道，靠自学"打遍天下无敌手"可不是易事！

暑假时，家中来了个小表弟，伶俐可爱，一进门看到桌上摆着的棋局便奔了过去，拽着我说："姐姐会下五子棋吗？我和姐姐下，你一定赢不了我！"我瞅了眼还不到我肩膀高的小家伙，想也没想就说："没问题！我肯定赢你！"

坐定，我执白棋，他掌黑棋。小表弟边落子，边挤眉弄眼地说："姐姐我可学了三年五子棋哦！"我心底暗暗发笑，小家伙怎么也不可能是我的对手。我摆出了常用的制胜棋局，眉毛挑起，不住地得意。只见他左堵右堵，竟堵瘫了我的局。我一惊，心想：小家伙还真有点水平，看来得使绝着儿了！我又三下五除二地设下两个"迷魂阵"，断定他这回肯定破不了。没想他不急不慢，几步下完又折了我的阵！这回我是技穷了，正着急着，他却笑了起来，东设一个子，西摆一条龙。这是什么着数？我丈二和尚摸不着头脑，只能凭感觉接着走棋。突然，他跳起来欢呼："赢啦赢啦！"我瞪大眼睛在棋盘上一扫，可不是吗，5个黑子整齐地排成一列，仿佛在嘲笑我连一个孩子都下不过，瞬间，一股沮丧涌上心头。

我愣愣地坐在凳子上，沉默着。一直以为自己的棋艺已经登峰造极，没人是我的对手了，谁知这次却被小表弟一下打入了谷底。看来一直以来我都是盲目地骄傲自满，还以为自己"打遍天下无敌手"，小表弟用棋艺击败了我，更击溃了我心中名为"自负"的堡垒。

在以后的日子里，我学会了放下自负，用谦虚的心态迎接挑战。前路还长，我又有什么资格骄傲呢，总会有更优秀的对手等着我。更何况，智者的成功并不在于

"打遍天下无敌手",而在于享受击败一个又一个对手的过程。

敲黑板

要想有卓越的写作水平,就要阅读名家大师的经典作品,同时分析其中精妙的篇章和段落,把大师的写作方法和技巧进行总结提炼,模仿着去写作。

那雨中的山丹丹

有人爱高洁的丁香，有人爱火红的玫瑰，有人爱青翠的松柏，而我，独爱山崖上那一株山丹丹，因为她实在不平凡。

北京的夏天，酷热而又变化无常。我们一家驱车前往京郊爬山，本是兴致勃勃，可谁知，刚刚上山，晴朗的天空就被大片乌云笼罩，随之而来的是一场大雨。我们慌忙跑到山上的小亭子里躲雨，好兴致被这突如其来的雨淋得不知去向。我缩着脖子，抱着双臂，在亭子里瑟瑟发抖，之前还迷人的山景一下子失去了光彩，我心里不由得郁闷起来。

就在我没精打采地环视四周的时候，忽然发现雨幕中，灰蒙蒙的山腰上闪耀着一团火焰。我不禁叫了一声，定睛一看，原来不远处的杂草丛中，正盛开着一株鲜红的野花。我惊奇地看着这山间的精灵，问爸爸妈妈这么美丽的花叫什么名字。妈妈告诉我，这是山丹丹花，是很少见的一种野花，学名叫细叶百合。只见她的茎干细长挺拔，叶子稀疏地长在细茎两侧，乍一看十分不起眼。可当我将目光向上移，看到的，竟是那样瑰丽的花朵。娇嫩的花瓣自然地向后弯曲，构成简洁的线条，细细的蕊丝从花芯探出头来。殷红的颜色仿佛泼出的水彩般染透了，像一簇燃烧的火焰在雨中摇曳。不知不觉间，我看呆了，不禁折服于她的美丽与端庄。

　　她在大雨中顽强地挺立着，风再大，雨再猛，都不曾弯下一点腰。她高傲地昂着头，随着风雨轻轻摆动。一时间，呼啸的风似乎变成了优美的音乐，雨也成了清脆的鼓点，而山丹丹，正在这乐声中翩翩起舞，花瓣似红色的裙摆，为这料峭的山间增添了几抹妩媚。那是怎样的舞蹈呀，风雨不是她的敌人，而成为了她的朋友。这山间的斜风冷雨或也像我一样，倾倒于她的顽强，她的高贵。

　　看着这一株山丹丹，那一团火焰仿佛也燃烧在我的心中，带给我无穷的温暖和力量，击退了那份颓丧。

雨，依然在下，风，依然在刮，但我已不再郁闷，因为风雨过后，迎接我的将是绚丽的彩虹。

敲黑板

记忆是思考的灰烬，读书的时候要链接到自己的生活，产生思考，这些素材才会转化为内在的东西。

昆虫

真让我着迷

有人喜爱猛兽，因为它们庞大的身躯令人望而生畏；有人喜欢飞禽，因为它们翱翔天际的自由令人心驰神往。而我，却偏爱无处不在的昆虫，因为它们微小的生命中闪烁着令人赞叹的光芒。

去年五一，我从苏州带回来一些蚕宝宝。北京的蚕，我也见过，但还是想看看丝绸之乡的"优良品种"与普通蚕的区别。看着鞋盒里十几条又瘦又小的蚕，我心生疑虑：这些不起眼的小家伙吐出的丝真的能织成漂亮的丝绸吗？于是，我决心好好将它们养大，探个究竟。

几天过去了，蚕宝宝在新鲜桑叶的滋养下，原本干瘦的肚子日益圆滚起来。每天吃饱了，就扭动着白胖的身体，晃动着小脑袋在盒子里"溜达"。看着它们笨拙可爱的动作，我总是忍俊不禁。每天为它们摘来美味的桑叶，看它们吃东西的样子也十分有趣——只见它们笨拙身体下的几对小脚牢牢地抓住叶子边缘，然后探着小脑袋由上至下一圈一圈地"刮"叶子，不一会儿，叶沿上就出现了一个半圆形的缺口。啃出一个缺口后，它们把头一扭，在旁边重新又"开垦"了一片区域，直到整片叶子上变得"沟壑纵横"，再扭扭屁股，向下一片叶子爬去。那时我觉得蚕宝宝可真是浪费，总是这儿啃一个洞，那儿撕一个口，最后还有好些叶肉剩下。

时光飞逝，蚕宝宝不断长大，一次次地经历蜕皮之痛。蜕皮时，它们先由头顶裂开一条小缝，然后通过身体的蠕动把旧皮"脱下"。看着它们不断地扭动身子挣扎着，我不住地屏住呼吸，为它们能否挺过这一次蜕变而揪心。当它们披着新的嫩白皮肤，顶着肉粉色的小脑袋摇来晃去时，我也跟着长舒了一口气。

又是一段日子过去，蚕宝宝的食量突然减少，我又担忧了起来。可谁知，一晚上过去，鞋盒的角落里竟出现了两个雪白的丝茧，椭圆形的白球，被细丝固定在盒壁上。旁边，几条蚕宝宝已经稳坐在自己的"丝屋"里，摇头晃脑地吐着丝，加固自己的"房间"。几条蚕相继做了茧，包裹住自己，这就是所谓的"作茧自缚"吧。

这些丝球在"沉睡"了几天后终于有了动静，蚕宝宝要破茧而出了，我迫不及待地想看看羽化后的蛾子破茧而出的样子。终于，雪白的蛾子从茧顶上的小洞钻了出来，抖了抖翅膀。在它们身上已找不到过去笨拙的影子，我看着蜕变而生的蛾子，一种对生命的赞叹油然而生。

我喜欢昆虫，无关它们的外表，而是出于对细小生命的敬佩之情。它们的薄翅上满载生机，充满了生命的奥秘。

敲黑板

在增加写作素材库里内容的同时，要记得定期进行整理、分类、复习通读，不要到写作文的时候才东拼西凑。

门其实

开着

生活中有许多门，或大或小，颜色各异。但那一次，我在友情的指引下，走进了一扇心灵之门。

小兰是我们班新转来的同学。她有一双水灵灵的大眼睛，小巧的瓜子脸，十分惹人爱。但是，她却十分内向。当同学们新奇地向她问这问那的时候，她只是害羞地低着头；当大家撇开她去讨论别的事时，她又怅怅地独自待在角落里。我很想和小兰成为朋友，想和她搭话，但是她那什么都不关心的样子让我不知该如何开口。在我和她之间，似乎有一道无形的门，将我们隔开。

那天，小兰换了一双新鞋。我终于找到了搭话的机会，笑盈盈地坐在她旁边，赞赏地说："小兰，你的新鞋真漂亮！"她却低着头，红了脸。我有些失落，却装作兴奋地继续说："真的真的，特好看呀！你在哪里买的？"小兰抬头瞅了我一眼，羞赧地小声说："20块钱的地摊货，很不值钱的。"我一愣，没想到小兰穿的鞋竟是这样没档次的东西。小兰看到我惊讶的神情，淡淡地笑了一下，低下头说："很瞧不起我吧，穿这么劣质的鞋子。我家穷，没钱买名牌鞋。"她叹了口气，显得那么忧郁。"不会呀，便宜又怎么样，没有关系的，大家不会瞧不起你呀。"我似乎明白了，她不和大家一起玩，就是因为家里的经济条件没有那么好，怕别人笑话。她却摇摇头："大家都会瞧不起我的，我没钱买零食，没钱买好看的衣服……"说罢，她的头垂得更低了。我感到很难受，对她说："我不会瞧不起你，我们做朋友吧！"她猛地抬起头，不解地说："你不嫌我穷吗？"我望着她，坚定地摇了摇头。小兰的脸上露出了灿烂的笑，一瞬间如花般绽放。我才明白，她的自卑便是那道隔在我们之间的门。现在，我只是说了一些肯定的话，就推开了这扇门，让我们成为了朋友。

从那以后，小兰依然内向，但她再也不会孤单地坐在教室的角落里发呆，因为我总是在她身边，我们一起玩闹，一起学习。那道门，消失了，我们之间没有了阻隔。

人人都需要友情，正是友情，指引我推开了小兰的心门。那道看起来紧闭着的门，其实一直是开着的……

敲黑板

一篇文章写完后，一定要至少通读一遍，检查自己的开头是否简练，中间段落有没有围绕主旨，按照特定的结构和发展定向叙述。

社戏

五一长假，我随父母回到了久别的老家——山西的一个小村子。在那几天里，一场精彩绝伦的山村社戏令我十分难忘。

　　刚一下车，就听说山上有一场社戏要表演，附近的村民都会去看。我一听，旅途的劳累一扫而空，立刻兴奋了起来，早就拜读过鲁迅先生的《社戏》，却始终不曾亲眼看过一场。这样一个绝好的机会，我可不能错过。于是，休息了一会儿，我就拽着爸爸，背上水，徒步向五里外的山头进发。

　　走了近一个小时的山路，终于到达山顶。我蹙着眉头，抹了一把额头上沁出的细密汗珠，眼前的景象让我大吃一惊。只见灌木丛生，没有房屋的山顶上，兀地立起几座小庙。爸爸说："这是王母娘娘庙，戏就在那边的大棚里表演。"我沿着爸爸手指的方向看去，只见一个编织布支成的高大棚子，被风吹得摇摇晃晃，呼啦啦地响着。棚前立着两个笨重的大音箱，几个村民正往梁上挂灯，还有几个人在布置帷幔。我不禁担忧：在这么简陋的地方，演一场完整的戏，能行吗？我在一旁踱着步，等待社戏开锣。

夜幕慢慢降临，许多卖小吃、卖玩具的商贩在山路旁摆开了摊。"锵锵锵！"锣鼓声响了起来，一队身着山西民装的锣鼓队走近了。一时间，热闹的锣鼓声响彻云霄。很快，鞭炮声也随之响起来，气氛越来越热烈。过了一会儿，锣声、鞭炮声渐渐停止，村民们在棚前的台阶上坐好，准备看戏。

大幕拉开，悠扬的二胡声传了出来，演员们穿着戏服，打扮得有模有样，"咿咿呀呀"地唱了开来。那声情并茂的小旦，唱到伤心处眼里泪花涟涟，唱到高兴处一双大眼睛顾盼有神。还有那连翻几个筋斗的三花脸，在台上突然佯装摔倒，用他那晋南口音插科打诨逗得台下人哈哈大笑。

村民们津津有味地看着，时而拍手叫好，时而啧啧称奇。小孩子们也停止了打闹，仿佛看呆了，一切都是那么幸福祥和。我也不禁被这精彩的场面吸引了，忍不住惊叹，在如此简陋的条件下，村民们能布置出这么精致的舞台，演出这样引人入胜的戏，真是太不可思议了。

不知不觉间夜色渐浓，社戏落下帷幕，村民们也三三两两地散去。我跟爸爸打着手电筒，行走在山间的小路上，天上的星星璀璨耀眼，林间的鸟鸣不时传来。这静谧的山里，真是让人心旷神怡，我由衷地爱上了山村灿烂的民间文化，对勤劳朴实又智慧的农民产生了深深的敬佩。

敲黑板

写作没有最好，只有更好，它需要灵感的碰撞，但更需要坚持。

晨风中

骑行的母亲

天气逐渐转凉，隐隐约约嗅得到冬的气息，早早出门上学的我常缩在爸爸的车里瑟瑟发抖，哀怨地看着车窗外日益萧索的景致。

　　那天，风格外地大，吹得枝头黄叶漫天飞卷。车在一个红灯前停了下来。这时，一个骑着自行车的身影映入眼帘，逆着风缓缓地从我们旁边经过。忽然觉得这自行车显得有些拥挤，仔细一看，我不禁瞪大了眼睛——小小的自行车上，前梁坐了一个小孩，裹着厚厚的围巾，后座还有一个孩子，正搂着妈妈的腰，紧紧贴在妈妈背上。而那个骑车的母亲呢，皱着眉咬着牙，顶着风费力地蹬着车。更令人惊讶的是，车筐上绑着一根高高竖起的竹竿，上面挂着吊瓶——那个骑车的她，还在输液！

　　我透过车窗凝视着母子三人，心中涌起一阵酸楚。打着吊瓶出门，这位母亲一定还在生病吧。在这样糟糕的天气里，不顾自己身体的不适，顶着凌厉的风也要坚持送孩子去上学，又是怎样的坚强无私啊！

看着孩子紧紧环着妈妈的腰，或者缩在妈妈的怀里，我脑海里浮现出小时候的自己。那时候，家里没有轿车，妈妈的自行车就是唯一的"私家车"。上幼儿园的时候，爸爸妈妈轮换着骑自行车载我上下学，风雨无阻。而我总能在他们的背上找到一方温暖的小天地，靠上去，即使是数九寒冬，凛冽的寒风也会被消减威力，心里充满踏实的安全感。

现在，家里有了真正的私家车，自行车被冷落在一边。一天天长大的我已经不能在自行车的前梁或后座上安身，爸爸妈妈骑车载着我的场景，也慢慢淡化为回忆中模糊却温暖的底片。但今天看到这母子三人，回忆忽然又变得清晰起来，眼泪在不知不觉间模糊了视线……转过头，看到驾驶座上专心开车的爸爸，想到他每天要早起送我上学却从不言苦言累。虽然代步工具更新换代了，可是爸爸妈妈对我的爱，还是那么温暖深挚。

时间如白驹过隙，一切都在变化发展，唯有父母对子女的爱是这般不变不移,时时感受着那份温暖的我们,又岂能忘怀?

车开动了,自行车渐渐被落在后面。望着那越来越远的自行车,我怀着敬意与深深的感动,目送那位骑行的母亲和两个被爱包裹的孩子,消失在晨风中……

敲黑板

如果想要冲击满分作文,就要写出一些能让判卷老师感到眼前一亮的独到见解。

那一次，
我是配角

手中捧着的蜡烛弥漫着淡淡的光，照亮了身旁主角的脸庞。那一次，我是配角。

　　"一二·九"合唱节临近，身为宣传委员的我责无旁贷地担起了策划舞台的任务。敲定了歌曲之后，我灵光一闪——手语！对，这样一首充满温情的歌曲配上手语，一定会有特别的节目效果。于是，我在网上搜来手语教程，一句句学会后，开始教给全班同学。

　　比赛前一周，我圆满完成了教手语的任务。排队形的时候，我想也没想便站在了第一排，因为手语是我教的，我做得也最流畅，理所当然是这场演出的主角。"辰辰，你站到第二排去吧，第一排要站领唱。"文艺委员笑眯眯地指挥着我。为什么不换别人，而是换我？哦，我唱歌不是那么好听……我失落着，转身迈向第二排。还好，这个位置也不算太偏，只要一做手语我依然是主角！可谁知，"中点凹下去了……辰辰，你再往后挪，对，挪到最右边……这样好多了。"文艺委员又把我换到了最靠边的位置。好吧，我个子矮，没办法，站在这里我一样可以做手语。正当我盘算着最后一个手语动作怎么做才最柔和时，一支蜡烛递到了我手中。"辰辰，你来举着蜡烛吧，注意往你旁边做手语的同学那边靠一靠，让烛光照亮她的脸。"文艺委员的一句话彻底击碎了我的希望。连手语都不能做了？只能举着蜡烛，默默地照亮身旁的她吗？手语是我教的，为什么只让我在角落里当一个小小的配角？我在心里默默地问。

　　排练开始了，灯光暗下来，蜡烛在我的手中跳跃出橙黄色的火焰，将身边她的侧脸照得格外清晰。音乐响起，优美的和声，流畅的手语。我这才发现，大家的手语做得是那样完美，甚至比我这个"老师"做得更标准、更动人。而散落在主角身边星星点点的烛光，为整个舞台增添了温馨的气息。在悠扬的歌声中，我原本气愤不平的心情慢慢平静了下来。是呀，演出里只有主角与配角互相配合、互相映衬，才能达到最完美的效果。无论是主角还是配角，都是不可或缺的一部分。想到这里，我释然地笑了，更加庄重地捧着蜡烛。这一次，我虽然只是个配角，却感受到了做一片不起眼的绿叶，把红花衬点得更加美丽的快乐与满足。

比赛一举夺魁后，看着滚着金边的奖状，我们每个人脸上都洋溢着满足的笑容，我也不例外。因为在奖状熠熠的光芒中，有一束就源自我手中小小的蜡烛，虽然，我只是一名配角。

敲黑板

对于考场作文来说，语言自然流畅是最好的，如果使用一些晦涩难懂的表达或者过于华丽的辞藻，反而有风险。

惭愧

语文课上，老师用"文章憎命达"来形容诗人悲苦命运与杰出创作的二律悖反。不管是少年壮志凌云却仕途没落的"诗圣"杜甫，还是一腔报国热忱却贫困潦倒的爱国诗人陆游，抑或是奇质异才难以施展只得借酒消愁的"青莲居士"李白……他们虽命运多舛，却在诗作领域登峰造极。活得苦，生命价值却巨大。

就在我们一边对这些才子啧啧称赞一边惋惜他们的命途时，老师抛出了这样一个问题："如果可以选，你们是愿意'文章'名垂青史，还是愿意'命达'呢？"大部分同学都不假思索地脱口而出："命达！"我也是其中之一。在一些同学阐述这些才子是因为无法"命达"才寄情诗歌的观点后，我想了一下，对旁边正襟危坐的班长说："还是'命达'吧，'命达'是自己享受，而'文章'只能留给后人。"多么合情合理的理由呀，但班长听后只是笑而不语，一脸深沉地低头在本子上记录着什么。

班长平时有记录老师和同学们思维闪光点来积累写作素材的习惯，我们也会时常借过来拜读。而这次，班长却死活不肯给我看，一边摆手一边摇头，但这更勾起了我的好奇心，到底是什么博大精深的文字不能让我看看呢？课间休息时，班长起身出去。我实在按捺不住，便偷偷地将班长的本子拿了过来。打开一看，我的脸"唰"的一下变得又红又烫。

班长的本子上写着："现在人们只满足于物质享受，老师让同学们选择'文章憎命达'中的'文章'还是'命达'，同学们异口同声地回答'命达'，一位同学给出的理由竟是'命达'是自己享受的，而'文章'只能留给后人。"我匆匆合上本子，僵在那里，一阵惭愧涌上心头。原来，我的选择，那个看似理所当然的选择，竟然是那样浅薄；原来，我给出的理由，那个乍听起来理直气壮的理由，竟然是那样自私与鼠目寸光。

写作文时，总是批判追名逐利的人，何以自己竟知行不一，心安理得地做起小人来？真是惭愧，若不是班长一语道破，我还未发觉自己的心被蒙上了一层垢尘，只满足于一时的享受而忽略了精神的恒久。

现如今，周遭充斥着利益至上的价值观，连尚未进入社会的我们，也被潜移默化地洗了脑，形成了错误的观念。还好，我们身边还有像班长这样头脑清醒的人，不断提醒着我们不要被物欲冲昏头脑。

那刻起，我决定向班长靠拢，重新找回心灵的纯净与澄澈。

敲黑板

读书时要积极联想，自己亲身经历的故事、校园里或社会上发生的现象都可以成为写作素材。

遭遇

乞食者行骗

结束了一整天自习室里的奋战，我脚步轻盈地走在回家路上。忽然听到身后的一声声呼喊："姑娘，我问一下……"

回头，看到一位农村妇人打扮的大妈，黝黑的脸上愁容满布，正焦急地冲我招着手。我犹豫了一下，但还是停下了脚步。

她快步走到我身边，说："姑娘，我是外地人，来北京找不到工地了，你看那个老头，好多天没吃饭了，身体快不行了，头也晕……"我越听越纳闷，心想，这不是问路的啊。顺着她手指的方向看去，几米外有个老爷爷佝偻着背，手捂着肚子坐在路边，胳膊上还挎着一个破破烂烂的塑料袋。她继续说："我们不求别的，只求你给老人点钱让他买些吃的……我们也不能去偷去抢……"她越说越激动，不停地搓着眼睛，像是有眼泪要流出来一样。

我一下子就想起一个月前，也曾遇见过一个抱着孩子的老爷爷,说他们很长时间没吃饭了,问我能不能施舍点钱。当时我给了他们20元钱,想着虽然现在乞讨的骗子很多,但万一老人和孩子真的饿了好几天呢。这一次,出于和上次同样的理由,我微笑着给了大妈10元钱,听着她"你是好人一定会享福,走好运……"之类的碎碎念,继续往前走。

但没想到,没走几步,让我哭笑不得的一幕就映入眼帘。一位中年大妈正指着远处一个头发花白的老奶奶,朝一个年轻人说些什么,一边说还一边用手绢擦眼睛。

我不禁凑过去,发现大妈说的话竟然和我刚刚听到的一模一样,我的心瞬间就凉了。敢情这是个骗人团伙,连台词都是一样的!想到我的信任竟成了骗子利用的工具,我气愤难忍,就对旁边听得认真还若有所思的年轻人说:"刚刚在那边,有一个人也跟我说了一模一样的话……"然后便头也不回地离开了。

埋头走着，我的心却久久平静不下来。曾经相信，乞丐是真正需要帮助的人，不然谁会轻易去做这样丧失尊严的事情呢？所以，每每看到乞讨的人，总会动恻隐之心，施舍一点钱财心里才踏实。可这次，算是让我见识了残酷的真相，让人心寒的真相。

难道这些利用别人的善良与同情骗来的钱，花起来会心安吗？难道为了不劳而获，即使乞讨，即使欺骗，这些人也无所谓吗？难道人的尊严，为了几块钱就可以贱卖吗？

这种利用人们心底的善良牟取不正当利益的人，贱卖自己的良心就罢了，更重要的是伤害了帮助者善良的心。

现如今，老人晕倒众人围观但没人敢搀扶的事情偶尔见诸报端，正是因为：曾经愿意给予信任的人，不敢再相信了；曾经愿意施以援手的人，不敢再帮助了。连我也开始发愁，这世道，老翁老妪都能诈骗了，街上还有能信的人吗？摆在眼前赤裸裸的"信任危机"，是多么可怕的一件事啊！

敲黑板

在作文中使用视觉、味觉、嗅觉等多感官,会让描写更加生动。

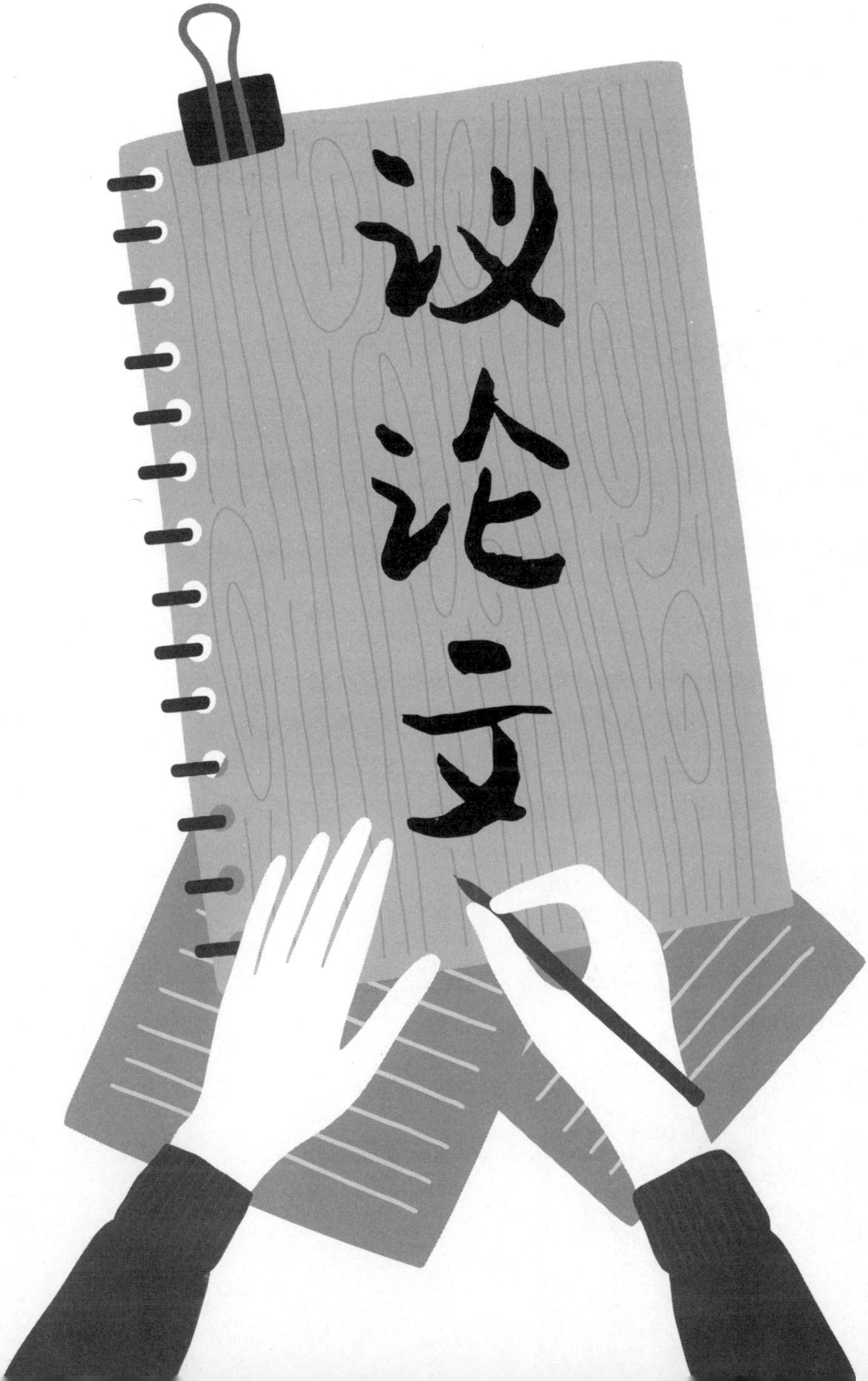
议论文

为别人喝彩

生活的舞台上，谁不愿做炫目的焦点，享受关注与赞扬？但是总有这么一群人，甘于偏居舞台一隅，为别人喝彩。

为别人喝彩，出于对他人的认可与欣赏。看得到别人的长处，能够由衷地给予肯定，是我们不断进步的动力。当我们感叹"你跑得真快"时，是否已悄悄在脚下加足了马力？当我们艳羡"你文章写得真好"时，是否已暗下决心多读多写？喝彩的同时，也在我们心中埋下了奋勇拼搏，取得长足进步的决心。只有善于发现他人的长处并为其喝彩，我们才能不断超越自我，勇往直前。

为别人喝彩，源于光风霁月的谦谦风度。面对对手，能不吝惜赞美与喝彩，实在是一种气度与风范。胡适帮助羞辱过他的鲁迅反驳充满敌意的攻击，不计前嫌地褒扬鲁迅，助他出版书籍，种种行为，难能可贵。1936年柏林奥运会上，德国运动员鲁兹·朗在惜败于美国选手杰西·欧文斯后，举起欧文斯的手朝观众席高喊他的名字，真心诚意地为对手喝彩。无关种族国家，无关名利奖牌，鲁兹与欧文斯的君子之争彰显的是心灵的高贵。能够为对手喝彩的人，必有宽广的胸襟，风度雍容，大气非凡。

　　还有一种喝彩美好温暖，只因无私的爱与默然无语的陪伴。从小到大，无数次为我们或大或小的成就喝彩的人，是我们的父母。取得每一个进步后，妈妈都不忘端上一碗暖汤，欣慰与赞许融在流转的眼神与盈盈的笑意里，而爸爸则会用大手鼓励地拍一拍你的肩膀，将你揽入怀中。无论走到哪里，都会有这样两双温暖的翅膀，为我们撑起一片天。在成长的路上，他们一直在为我们喝彩，丝毫不在意这些年染白了太多缕青丝，沧桑了光洁的面颊。只要我们健康快乐地成长，偶尔一个驻足回眸，便会让他们所有的劳累消失。这样的喝彩，怎能不美好，不深刻，不动人？

为别人喝彩，在催人奋进的一声声赞许里，成为我们努力的动力，更凝注了深挚的爱。

敲黑板

议论文的写作模板——第一段扣题写主论点；第二至第四段，写三个分论点，加上论据；第五段总结再扣题。

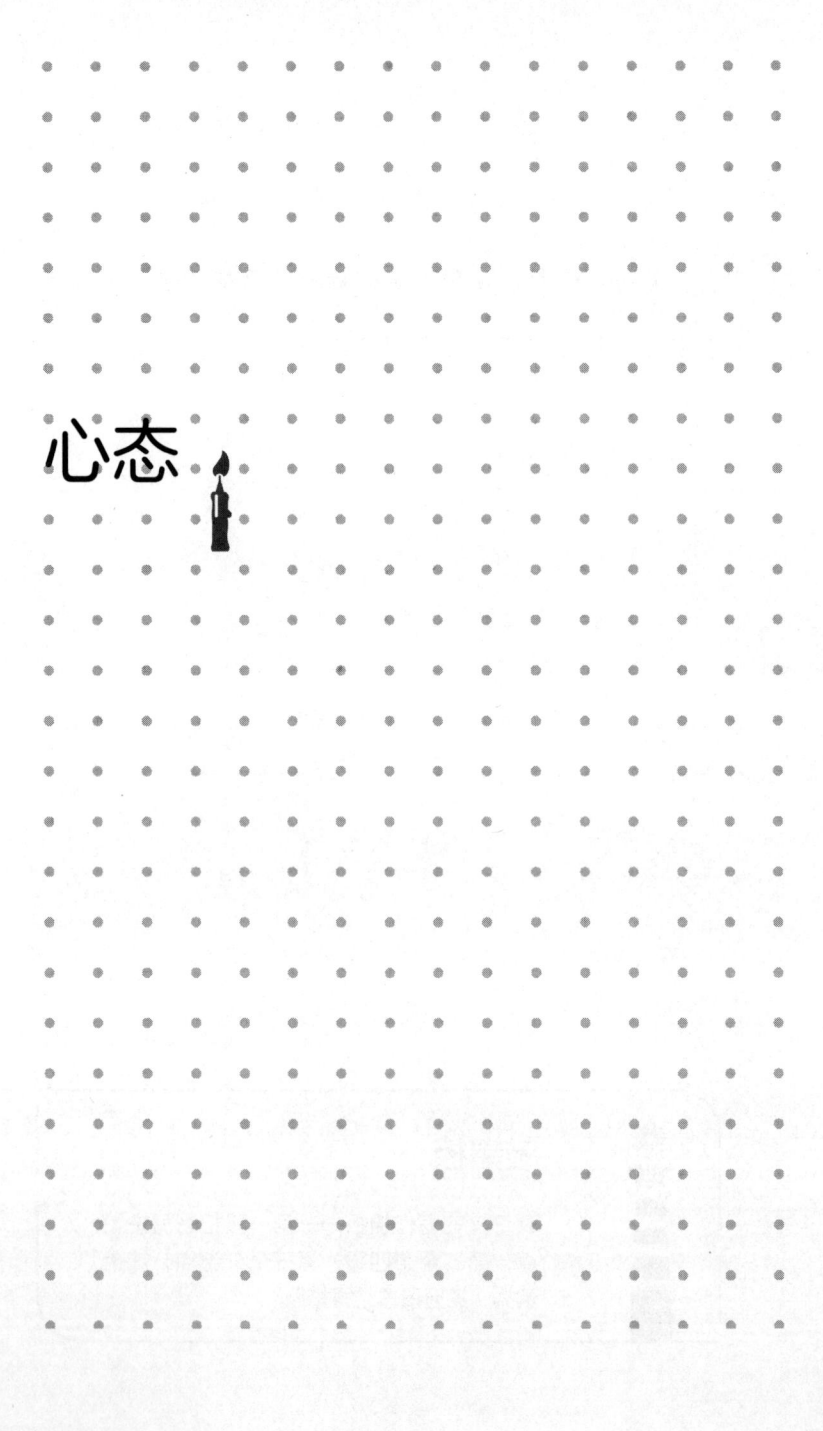

心态

生活像一面镜子,你若对它微笑,它会还你一片阳光;你若是愁眉苦脸,看到的只能是乌云密布。因此,以正确的心态对待生活,是一门大智慧。

面对困厄,坚毅与乐观的心态带我们走出心灵的阴郁。战争溃败、国破家亡之时,有卧薪尝胆,忍辱负重十八年才重整河山的越王勾践;穷困潦倒、食不果腹之时,有坦然面对,怡然享受田园幽静生活的陶渊明;被永远禁锢在轮椅上之时,有驰骋知识之海,在浩瀚宇宙自由翱翔的霍金……古今中外,多少仁人志士面对失败不言放弃,面对贫穷不戚戚自苦,而是勇敢地与命运抗争。正因为他们抱着乐观坚毅的心态面对困境,才有了"三千越甲吞吴"的千古佳话,有了《归去来兮辞》等传世美文,有了奇性定理等探索宇宙的基础。

功成名就之时,保持冷静、谦逊的心态尤为重要。常言道:"谦虚使人进步,骄傲使人落后。"登上新的峰顶时,唯有冷静思考,才有可能冲向更高的巅峰,否则只能跌下万劫不复的深渊。秦始皇统一六国后，强盛的大一统局面让这位国君头脑发热，于是开始施行暴政，将秦国推向了灭亡的深渊。与之截然相反的是北魏孝文帝，在统一黄河流域后，他用谦逊的心态治理国家，积极吸收中原先进文化，终使北魏经济繁荣、国家安定、民族融合。同为帝王，何以相差万里？关键便在于他们心态的不同。面对成就，只有保持冷静与谦虚，才能在前行的道路上走得更远。

在平常的生活中，坚持严谨与进取的心态，更为可贵。挫折造就伟人，坎坷孕育人才，但更多的"我们"只是普通人，每天平静地生活着，看似无须多思，实则不然。平日里，用严谨、进取的心态对待生活，可以助我们少走弯路，让我们为随时可能到来的机会做好准备。只有这样，人生才会更有意义，才能让我们在平凡的日子里望见不凡。

困厄面前不言弃，成功面前不骄慢，平常生活不懈息，是人生中最美的三个姿态。用这样的姿态面对人生这面镜子，迎接你的一定会是最美的风景。

敲黑板

在平时要多观察、多读书、多思考，最重要的是一定要勤动笔，把好论据和迸发的灵感整理在积累本上，经常翻看，才会在考场上文思如泉涌。

对手

羚羊因为有天敌狼、豹作为对手，才奔跑跳跃轻盈灵活；树木因为有争抢阳光的其他植物作为对手，才努力向上生长，变得挺拔秀丽。对手，是我们成功之路上的奠基石，在战胜一个个对手的过程中，我们得以铸造辉煌！

因对手，我们敢于迎接挑战。看！那个在跑道上跨越一道道障碍栏的小伙子，是刘翔。作为全中国乃至亚洲的骄傲，刘翔获得奖牌无数，但他也曾坦言，自己的成功与对手的竞争密不可分。在一次比赛的预选赛中，刘翔的劲敌罗伯斯被淘汰，飞人的脸上写满了惋惜，因为他又失去了一个对手。由此可见，刘翔的一次次成功，正是源于他能正视对手、珍惜对手，懂得在战胜一个又一个对手的过程中不断提升自己。人生不正和跨栏一样吗，跨过阻挡我们前进的对手，迎接挑战，便可以张开双臂，拥抱辉煌的终点线。

因对手，我们有动力不断前进。清朝中期，中国是怎样一个繁荣昌盛的泱泱大国，国泰民安，堪称太平盛世。可是，又有谁看到了繁荣背后深藏的危机？"无敌国外患者，国恒亡。"孟子的话最终得到了验证，清王朝在安适的美梦中走向没落。是什么让曾经的盛世变得消极颓丧？因为缺少竞争对手。少了虎视眈眈的敌国，清王朝的统治者们便不思进取，只顾贪图享乐，险些断送了中国的大好河山。由此可见，若是没有对手，又怎能有动力促使我们不断进步？

因对手，我们有勇气战胜困难。文王拘而演《周易》；仲尼厄而作《春秋》；屈原放逐，乃赋《离骚》；孙子膑脚，兵法修列……纵观历史的长河，因战胜苦难而在史书中留下璀璨一笔的仁人志士不在少数。海伦·凯勒不屈命运终成作家；史铁生不畏病痛著作等身；霍金全身瘫痪却谱写了科学史上最瑰丽的篇章……古今中外，因战胜命运而永垂不朽的伟人更是数不胜数。他们将命运的不公、生活的抛弃、身体的病痛当作自己最大的对手，最终战胜它们，走向成功。

　　对手是我们前进的动力，是我们向上攀登的阶梯。因为对手，我们更加努力，因为对手，我们积极进取，拥抱成功。

敲黑板

用来支撑论点的论据越多越好，每一个分论点至少写出两三个论据，这样的文章容易得高分。

天道酬勤

一位哲人说过，世界上能登上金字塔顶的生物只有两种：一是鹰，一是蜗牛。

鹰虽生而有翼，但学会飞翔的过程却十分不易。在幼鹰羽翼丰满后，母鹰会把幼鹰带到悬崖边推下去，只有不断拍动翅膀的幼鹰才能活下来；蜗牛虽爬得很慢，身上还背着沉重的壳，但却一直坚持着，从不停歇。由此见得，不管是天资奇佳的雄鹰，还是资质平庸的蜗牛，要想登上塔尖，极目四望，俯视万里，都离不开两个字：勤奋。

欧阳修曾说，"忧劳可以兴国，逸豫可以亡身"，以此告诫君主不要贪图享乐，而应勤于朝政，只有这样才能国力强盛，百姓安宁。否则，只有哀叹"国破山河在"的下场。古人云"天道酬勤"，意思是上天总是馈赠勤奋的人。帝王尚且如此，我们每一个普通人，更应不忘勤奋，脚踏实地地拼搏。

被人誉为"数学之王"的德国数学家高斯，少年时代家里穷得连一盏灯都买不起。他挖空一只萝卜，倒点油进去，就成为一只别致的"萝卜灯"。在这盏灯旁，高斯常常埋头刻苦学习到深夜，一抬头已是夜阑人静。高斯成名后，当上了著名的哥廷根天文台台长。他依旧治学勤奋，为了完成有关木星摄动智神星的计算，花费了3个多月的时间，进行了涉及上万个数据的计算。由于长期不断使用数表，他竟然能背出表中所有对数的前几位小数。高斯的成功不是一日所得来的，而是源于他从小的努力。不被生活的困苦所压倒，不因出身的低下而放弃，并且不断勤奋进取，高斯用奋斗和拼搏弥补了客观条件的不足，才终于迎来黎明的曙光，站到了数学王国的制高点。他的故事告诉我们，出身和家世是我们无法改变的。没有平步青云的机会，没有省力省心的捷径，我们能做的，只有勤奋，勤奋，再勤奋。用血汗，脚踏实地地一步步攀上巅峰，就像一只勤恳的蜗牛，最终收获的是最美的风景和内心无尽的自豪感。

没有勤奋，即使是雄鹰也只是空生双翅，无法翱翔；有了勤奋的精神，哪怕是行动迟缓的蜗牛，也能雄踞塔顶，观千山暮雪，渺万里层云。曾国藩是中国历史上最有影响力的人物之一，然而他小的时候天赋并不高。有一天曾国藩在家里读书，一篇文章重复了多遍，还没有背下来。这时他家里进了一个贼，潜伏在他的屋梁上，希望等他睡着之后捞点好处，可是等啊等，就是不见他睡觉，还在翻来覆去地读那篇文章。贼人大怒，跳出来说，"这种水平还读什么书？"然后将那篇文章背诵一遍，扬长而去。那贼的记忆力真好，听过几遍的文章就能熟背。但遗憾的是，他的天赋没有加上勤奋，最终也只是一个聪明的小偷而已。相反，天赋不佳的曾国藩却凭借日复一日的刻苦读书，勤奋努力，终于赢得了社会的认可，实现了人生的价值。

　　这样的例子还有很多。古有卧薪尝胆十八年，终于在国破家亡后东山再起的越王勾践；今有多少年如一日勤奋训练，从不有丝毫松懈终于成为乒乓球界不倒的传奇的邓亚萍；还有在武校吃苦却不放弃，勤奋练功终于用功夫征服全球影迷的成龙；还有……

　　古往今来，无数人用或成功或失败的例子告诉我们，一个人成才与否，环境、机遇等外部因素固然重要，但真正起决定性作用的，是自身的勤奋与努力。无论是一只羽翼丰满的鹰，还是一只踽踽独行的蜗牛，勤奋吧！无论你是谁，身处哪个位置，永远不要忘了，天道酬勤。金字塔顶绚丽的风景，终将属于你。

敲黑板

写议论文推荐"五段论"写法——开头亮出主论点,主体部分三个分论点,并用合适的论据加以支撑,结尾再次重申主论点,这种结构非常稳。

散文

秀如竹

有一种植物，不蔓不枝，笔直的主干骄傲地向上生长，修长秀美的身姿不曾因狂风而折断；有一个女人，不卑不亢，坚持着自己心中的理想，于美满时充实自我，在苦难中从不低头，执着地向彼岸前行。这种植物叫竹，这个女人是李清照。

面对爱情，她坚持着。丈夫赵明诚的离世，使原本幸福美满的家庭支离破碎，这在李清照——这位出生在蜜罐里、备受宠爱的女性——心里刻下了深深的伤痕。为了追寻爱情，她勇敢再嫁，谁知却遭受了更沉重的打击，一腔真情落入贪人的圈套。忍了吧，认了吧，多少人对她这样说，毕竟她只是个孤身的妇人。可她偏不，宁受牢狱之苦，也不受精神奴役。于是，顶着世人的冷眼，她在大堂上昂首挺胸。虽然李清照最终也没再得到爱神的眷顾，可她对真爱的执着追求和坚守，谱写出了世间动人的一曲。

面对知识，她坚持着。虽然四周始终回荡着"女子无才便是德"和"才藻非女子事"的闲言碎语，李清照却自幼饱读诗书，"外美如花，却内秀如竹"。她提笔一挥而就，诗惊四座，赛诗更成为她与丈夫沟通的桥梁。值得一提的是，无论是在爱情美满、家道从容之时，还是流离失所、家破人亡之时，一部尚未完成的《金石录》都是她的精神寄托。如果没有这样一个舍不下的支柱，她又如何经得住感情上的打击，肉体上的折磨呢？知识是她的信仰，是她的精神食粮，陪着她走过风风雨雨。

　　面对破碎的国家，她坚持着。战火燎原，多少人连家人的性命都顾不上，她却带着沉重的书籍文物一起逃亡。她甚至视自己的安全如无物，一心只为了将手中的文物送给朝廷，让它们得以保全。这其中饱含着多么热烈挚诚的爱国情啊！她身处困境之时，宁投远亲也不上奸臣秦桧家的门，这份刚烈于男子身上都难觅，却在李清照身上诠释得淋漓尽致。这有几分痴、几分傻的坚持在历史的车轮中无力阻挡朝代的更替，所以当珍贵文物被焚掠一空、国运维艰之时，她心头的愁绪只能化成一句"欲将血泪寄山河"。她的一生不只有美貌与才气，更有"以平民之身，思公卿之责，念国家大事"的忠贞。

李清照的一生，怎一个"愁"字了得！而这"愁"字的背后，更多的是她的坚持。她像一棵竹，沿着自己的轨迹直指苍穹，在秀美之中豪气冲天。

敲黑板

用新颖的素材表达独到的立意，就是考场上的优秀作品。

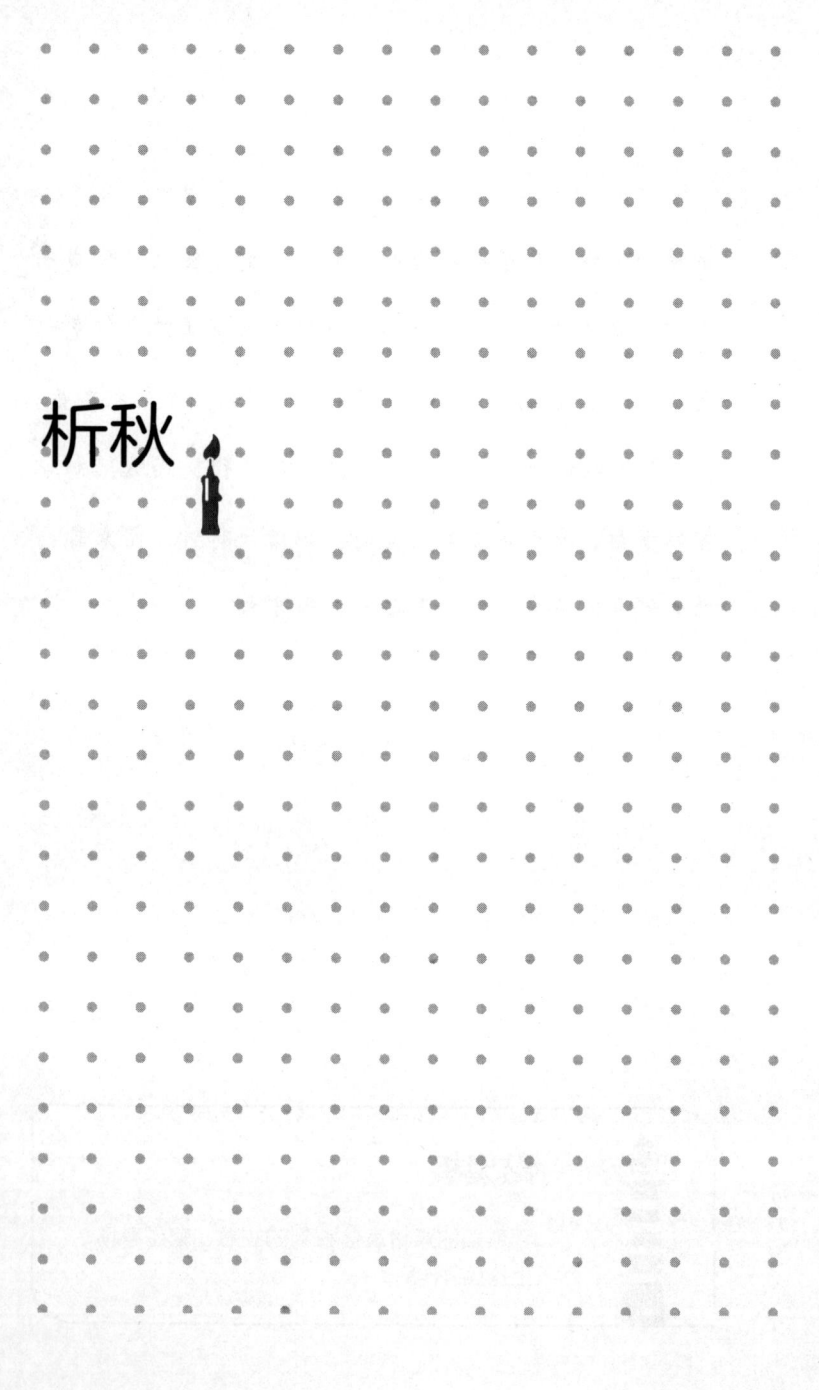

析秋

"自古逢秋悲寂寥"，的确，秋天就如一张单薄的宣纸，经不起风吹雨打，但它其实只是在等待画师用绚丽的色彩将其装扮。

初秋，是没有寒意的。大地经过了一整个漫长炎夏的烘烤后，仍不断地向空气中输送着暖意。阳光依旧明媚，只是少了几分毒辣；风儿依旧不歇，只是多了一丝凉意。穿一件单衫，漫步阳光下，独属于秋天微凉的风轻轻拂面，无比惬意。鸟儿享受着日光浴，虫儿品味着青草的味道，小松鼠快乐地在树间嬉戏……初秋的舒适，让它们舍不得离去。

秋夜，幻美迷离。每月初，一弯钩月悬在半空，月上那圆圆的环形山只隐约露出一个半圆，像是被那把明亮的金色镰刀给切了去。月半，皓月如玉盘当空，长长的树影映在地上，随着夜风舞动着身姿，仿佛是嫦娥的侍女下凡，与月宫中点着轻盈舞步的嫦娥遥遥相和。我想，月亮上的小玉兔也一定正跟着有节奏地捣药，端的是一幅宁静和谐的月影图。

深秋，天愈发凉了。秋风吹散了朵朵白云，只余一片蓝天。大地只顾着鼓起萧瑟的风，一分神便将供暖的事儿给忘光了。套上一件夹克，在落叶纷纷的林间行走，呵，真冷，风一吹，让人不禁缩起脖子。鸟儿大都去南方过冬了，只剩下叽叽喳喳的小麻雀；小虫子有的藏在土里，有的栖在树干中，都不敢出来了；小松鼠匆忙地把食物搬回家里，也准备入穴冬眠了；树上叶子只稀稀拉拉剩下几片孤单地挂在枝头。这时的秋，真是凄凉呢。

这便是多变的秋，美丽的秋，让人心醉，也让人回味无穷……

敲黑板

不会开头的时候,可以试试环境描写法。

知识的山

知识之海无边无垠，求知是通向彼岸的扁舟；知识之山高耸入云，求知是登上山顶的绳索。怀着求知的热忱，沉浸在知识的馨香中，我一点点成长。

山脚的仰望

夕阳的余晖在大地洒下一片橙黄，四周嬉戏的小孩子耐不住饿，纷纷回家吃饭，只有我静静地蹲在一棵树下，专注地观察着忙碌的小蚂蚁。小蚂蚁为什么搬着那样大的石块四处奔走？它们是怎样将杂乱的沙土码成整齐的圆环？我怀着强烈的好奇与求知欲一眨不眨地盯着这些"小士兵"，希望能找到答案。那时的我觉得世上有好多神奇的事物，我想了解它们，我想登上眼前这座知识的大山，去探索更多的未知。幼小的我仰望知识的山峰，是好奇，是憧憬。

山腰的渴望

不知何时，我爱上了读书，一页页泛着墨香的文字对我有着无穷的吸引力,让我钻进书海,欲罢不能。一个全新的世界展现在我的面前,我第一次知道鸟类原来没有牙,老虎和猫咪同属一科,鱼在水中也会呼吸……这些新奇的知识不断开拓着我的视野,像一道阶梯,助我一步一步攀向知识的顶峰。而再多知识也填不饱我的求知欲,我渴望探索更多,获取更多知识,更渴望向上迈进一步。站在知识的半山腰,是学海无涯,是学无止境。

峰顶的远望

窗外雨声淅沥,我望着卷子上密密麻麻的物理符号,皱起了眉。第一道题就绊住了我,浮力、体积、密度、质量……好乱,我晃晃脑袋,心里打起了退堂鼓。轻轻放下笔,环顾四周,却发现每个同学都在埋头思考,有的还在"唰唰"地写着。

大家都在如饥似渴地探求着知识呀,我又怎能落后?于是,我又重新读起这道题,竟有了思路,三两下就得出了结果，后面的题更是越做越顺。落下最后一笔，我长舒了口气，看着攻克一道道难关才完成的卷子，颇有"会当凌绝顶，一览众山小"的体味。是啊，我一路披荆斩棘终于踏上了知识的顶峰……错！一个声音在心中响起，这只是知识群山中微不足道的一座罢了，还有很多更高的山等着我去征服。

"无限风光在险峰"，我不敢停下求知的脚步，因为我希望经过曲折的求知之旅，有一天能采撷到那香甜的知识之果。

敲黑板

情节紧张的时候用短句，情节舒缓的时候用长句，长短句结合能使文章错落有致、富有变化。

图书在版编目（CIP）数据

好文章是改出来的 / 李若辰著 . -- 北京：北京联合出版公司，2022.6

（学习没有那么难）

ISBN 978-7-5596-5868-5

Ⅰ.①好… Ⅱ.①李… Ⅲ.①作文课－中学－教学参考资料 Ⅳ.①G634.343

中国版本图书馆CIP数据核字（2022）第017939号

好文章是改出来的

作　　者：李若辰
出 品 人：赵红仕
选题策划：木昜文化
策划编辑：朱　笛
责任编辑：牛炜征
特约编辑：李慧佳
装帧设计：见白设计

北京联合出版公司出版
（北京市西城区德外大街83号楼9层　100088）
河北鹏润印刷有限公司印刷　　新华书店经销
字数36千字　　787毫米×1092毫米　1/32　3印张
2022年6月第1版　　2022年6月第1次印刷
ISBN 978-7-5596-5868-5
定价：89.00元（全三册）

版权所有，侵权必究

未经许可，不得以任何方式复制或抄袭本书部分或全部内容
本书若有质量问题，请与本公司图书销售中心联系调换。电话：010－82069336